PAIDEIA
ÉDUCATION

MIXTE
Papier issu de sources responsables
Paper from responsible sources
FSC® C105338

THÉOPHILE GAUTIER

Le Roman de la momie

Analyse littéraire

© Paideia éducation.

22 rue Gabrielle Josserand- 93500 Pantin.

ISBN 978-2-75930-094-5

Dépôt légal : Septembre 2023

Impression Books on Demand GmbH
In de Tarpen 42

22848 Norderstedt, Allemagne

SOMMAIRE

- Biographie de Théophile Gautier..................................9

- Présentation du *Roman de la momie*....................... 15

- Résumé du roman..19

- Les raisons du succès... 33

- Les thèmes principaux.. 37

- Étude du mouvement littéraire.................................. 41

- Dans la même collection... 45

BIOGRAPHIE DE THÉOPHILE GAUTIER

Théophile Gautier est né à Tarbes le 30 août 1811. Dès ses 3 ans, sa famille part s'installer à Paris.

À 5 ans, en 1816, Gautier apprend à lire et devient un lecteur assidu. Comme l'écrit Maxime Du Camp : « Je ne crois pas qu'ait existé un plus infatigable lecteur que Gautier. »

Gautier est profondément marqué par ses premières lectures : *Paul et Virginie* de Jacques-Henri Bernardin de Saint-Pierre, *Robinson Crusoé* de Daniel Defoe mais aussi *Don Quichotte* de Miguel de Cervantes, des œuvres qui lui ouvrent les portes de l'ailleurs.

Il rencontre en 1820 le futur Nerval au collège Charlemagne avec qui il lie une solide amitié, « une de ses amitiés d'enfance que la mort seule dénoue ».

En 1829, c'est la révélation. Il découvre *Les Orientales* d'Hugo, recueil de poèmes exotiques, qui détermine sa vocation d'écrivain. Il rencontre son maître par l'intermédiaire de Nerval.

Gautier participe à la bataille d'Hernani en 1830 avec Hugo en chef de file. Cette querelle littéraire et esthétique oppose les classiques aux romantiques dans leur vision de l'art et de sa représentation. Gautier porte un gilet rouge qui fait sa légende.

La même année, il publie son premier recueil de poésie financé par son père, mais le succès n'est pas au rendez-vous. Gautier est en fervent passionné de poésie et admire les auteurs latins.

C'est aussi l'année où se compose le Petit Cénacle, haut lieu de réflexion romantique avec Gérard de Nerval, Pétrus Borel, Auguste Maquet, Jules Vabre et Bouchardy, entre autres.

Gautier rencontre à la même époque celle deviendrea sa maîtresse en 1835, Eugénie Fort.

Gautier écrit *Les Jeunes-France* en 1833, dans lequel il

peint la vie des artistes du Cénacle.

« Chez Victor Hugo, je fis la connaissance d'Eugène Renduel, le libraire à la mode, l'éditeur au cabriolet d'ébène et d'acier. Il me demanda de lui faire quelque chose, parce que, disait-il, il me trouvait "drôle". Je lui fis *Les Jeunes-France*, espèce de précieuses ridicules du romantisme, puis *Mademoiselle de Maupin*, dont la préface souleva les journalistes, que j'y traitais fort mal. »

Mademoiselle de Maupin fait en effet scandale dès sa publication en 1835. Ce roman épistolaire se pose en manifeste du romantisme et de « l'art pour l'art », formule qui restera chère à Gautier toute sa vie.

Vivement conseillé par Balzac qui apprécie ses talents, en 1836, Gautier collabore au journal *La Chronique de Paris* dans lequel il publie les nouvelles *La Morte amoureuse* et *La Chaîne d'or*. Il publiera également plus de deux milles feuilletons et articles dans *La Presse* et *La France littéraire*.

Théophile Gautier publie en 1838 *La Comédie de la mort*, recueil de poèmes s'attachant à dresser le portrait du spectre de la mort.

Gautier passe par une phase de création théâtrale en 1839, avec *Une larme du diable*, *Le Tricorne enchanté* et *Pierrot Posthume*.

Il signe également un livret de ballet intitulé *Giselle* dont le rôle-titre sera tenu en 1841 par la belle-sœur de Gautier, la danseuse Carlotta Grisi.

Théophile Gautier commence à cette époque une série de voyages qui traduit son goût pour l'ailleurs, l'exotisme et l'ouverture sur le monde. D'abord l'Espagne puis l'Italie, l'Algérie, la Grèce et l'Égypte. Ces destinations enrichissent son inspiration littéraire.

Le Club des Haschischins est créé par Gautier et le docteur Moreau en 1844. Consacré à l'étude du cannabis et à l'expérience des drogues, ce club accueillera jusqu'en 1849 des artistes tels que Balzac, Nerval, Delacroix et Baudelaire.

La première version d'*Émaux et Camées* est publiée en 1852 et sera enrichie jusqu'en 1872. Cette œuvre est considérée comme initiatrice du mouvement des Parnassiens, opérant un tournant brutal dans le courant romantique. Les Parnassiens prônent en effet le formalisme, le désengagement politique de l'auteur et une certaine retenue, tout le contraire du romantisme cher à Hugo mettant en valeur l'expression des sentiments et la défense des opprimés.

Théophile Gautier fils, issu de sa liaison avec Eugénie Fort, naît en 1857.

Gautier est ensuite nommé bibliothécaire pour les salons littéraires de la princesse Mathilde. Il y rencontre de nombreux artistes et compte parmi ses amis Flaubert, Nerval, bien sûr, Gustave Doré, Dumas fils, Mérimée, Sainte-Beuve, *etc*.

Il publie en 1858 *Le Roman de la momie* dédié à Ernest Feydeau, ami écrivain et archéologue qui a été d'une grande aide dans ses recherches sur l'Égypte. Il ajoute même dans sa dédicace : « L'histoire est de vous, le roman est de moi. »

En 1862, année de sa création, Gautier devient le président de la société nationale des Beaux-Arts.

Gautier publie ensuite *Le Capitaine Fracasse* en 1863, roman de cape et d'épée inspiré par le roman italien *Les Fiancés* d'Alessandro Manzoni.

Il échoue à entrer à l'Académie Française à trois reprises en 1866, 1868 et 1869.

Théophile Gautier meurt le 23 octobre 1872 dans sa maison de Neuilly, pris par la maladie.

Hugo lui dédie un poème annonçant sa fin prochaine, *À Gautier*.

PRÉSENTATION
DU ROMAN DE LA MOMIE

Paru en 1858, *Le Roman de la momie* plonge le lecteur au cœur de l'Égypte ancienne, il y a trois mille cinq cents ans dans la vallée de Biban-el-Molouk. Ce roman a paru en feuilleton dans le journal *Le Moniteur universel* entre le 11 mars et le 6 mai 1857. Hachette le publie en volumes en avril 1858. Trois nouvelles éditions du roman de Gautier sont réalisées entre 1870 et 1888.

C'est grâce à son ami Ernest Feydeau, écrivain et archéologue français, que Gautier réussit son immersion littéraire dans l'Égypte des pharaons. En effet, c'est l'*Histoire des usages funèbres et des sépultures des peuples anciens* publié par Feydeau en 1856 et 1861 qui inspire Gautier pour son roman. Dans sa préface, il déclare : « Je vous dédie ce livre, il vous revient de droit » et « en m'ouvrant votre érudition et votre bibliothèque, vous m'avez fait croire que j'étais savant et que je connaissais assez l'antique Égypte pour la décrire. »

Feydeau lui fait partager son savoir, son érudition quant aux pratiques et rites égyptiens et Gautier s'imprègne de ses connaissances pour nourrir son roman de descriptions minutieuses et fidèles de l'époque.

Théophile Gautier est un écrivain de l'ailleurs. Ses nombreux voyages dans le monde entier ont inspiré ses écrits, toujours vifs, parfois aux accents fantastiques, toujours intrigants et poétiques.

L'écrivain opère ici une mise en abyme du récit. En effet, l'histoire de Tahoser, reine d'Égypte, est introduite par la découverte de sa momie par deux chercheurs, Lord Evandale, l'Anglais, et Rumphius, l'Allemand, dans la vallée de Biban-el-Molouk (aujourd'hui Louxor). Un papyrus découvert dans son sarcophage, traduit par Rumphius, amène le retour dans le passé et donc le récit de la vie de Tahoser.

Relatant avant tout une histoire d'amour aux résonances universelles, ce roman est teinté de fantastique et permet une véritable incursion dans le monde impitoyable au temps des pharaons.

L'amour est celui de Tahoser, fille du prêtre Pétamounoph, pour un esclave hébreu dont elle est prête à épouser le rang et la religion. Mais c'est sans compter sur le pharaon, éperdument amoureux de la belle vierge, qui l'arrache à l'Hébreu et lui offre un royaume sur lequel régner.

Dans la dernière partie du roman, qui fait intervenir l'histoire biblique des dix plaies d'Égypte, des phénomènes hors du commun ont lieu, qui sont relatés dans *Le livre de l'Exode*. C'est là que le récite se teinte de fantastique.

RÉSUMÉ DU ROMAN

Prologue

Tout commence par les aventures du jeune Anglais lord Evandale et du docteur allemand Rumphius dans la vallée égyptienne de Biban-el-Molouk, ancienne cité de Thèbes. Les deux hommes sont en quête d'« une tombe inviolée ». Le jeune lord est un homme respectable, soigné à l'anglaise, beau et cultivé. Rumphius est un égyptologue allemand, d'aspect plus modeste et bourru qu'Evandale.

Entrepreneur de fouilles et marchand de neuf et de vieux, un Grec nommé Argyropoulos fait affaire avec les deux étrangers. Le but : découvrir une tombe de pharaon jusque-là secrète.

Les recherches débutent donc. Une galerie puis un dédale de pièces soutenues par des piliers se succèdent dans la chaleur et l'excitation de l'équipage. Soudain, « la salle dorée », signe de la richesse et du prestige du personnage embaumé, s'offre à la vue. Lord Evandale y découvre une trace de pied datant de « quinze cents ans avant Jésus-Christ ». La sensation de pénétrer dans un tombeau protégé, figé dans le temps, vierge de toute civilisation moderne, lui rappelle une citation de Shakespeare, « La roue du temps était sortie de son ornière », et le plonge au temps des pharaons.

« Une main invisible avait retourné le sablier de l'éternité, et les siècles, tombés grain à grain comme des heures dans la solitude et la nuit, recommençaient leur chute. »

Lord Evandale est pris de panique, « d'horreur religieuse », d'avoir profané cette tombe. Mais la découverte prime sur la pudeur quand le chercheur s'exclame que « le sarcophage est intact ».

Le spectacle est « étrange et magnifique ». Les fresques aux couleurs vives et très expressives traduisent l'« intensité mystérieuse de l'art égyptien ». Après l'ouverture du sarcophage, les aventuriers découvrent que la momie est une femme, chose étrange, car la nécropole des reines ne se tient pas de ce côté de la vallée.

« Par quelle singularité, par quel miracle, par quelle substitution ce cercueil féminin occupait-il ce sarcophage royal […] ! »

Au moment de démailloter la momie, lord Evandale et Rumphius sont éblouis face à la préparation mortuaire de la jeune fille. Lord Evandale se demande alors si la société dans laquelle il évolue n'est pas plus en voie de « décadence » que d'évolution.

« Peut-être […] notre civilisation, que nous croyons culminante, n'est-elle qu'une décadence profonde, n'ayant plus même le souvenir historique de gigantesques sociétés disparues » (p. 34).

C'est avec la sensation de profaner la pureté d'un corps que les deux hommes poursuivent leur besogne. Enfin mise à nue, « sa pose, peu fréquente chez les momies, était celle de la Vénus de Médicis […] » (p. 35). Le corps de la jeune fille représente la perfection féminine, une véritable « merveille » (p. 36). En effet, « jamais une statue grecque ou romaine » pourtant synonyme d'esthétique canonique « n'offrit un galbe plus élégant » (p. 36). Son teint s'apparente aux « peintures de Giorgione ou de Titien » (p. 36).

Lord Evandale est séduit et éprouve un « désir rétroactif » face à cette beauté. « Il lui sembla qu'il l'aurait aimée » (p. 37). Rumphius procède à l'inventaire des bijoux quand un papyrus « caché entre le flanc et le bras de la momie » (p. 37) tombe sur le sol.

Trois ans d'efforts plus tard, la momie dort dans ses trois cercueils chez Lord Evandale en Angleterre et Rumphius a traduit le manuscrit. *Le Roman de la momie* s'apprête à nous être conté.

Chapitre I

Un nouveau temps du récit commence dans la ville d'Oph, ancienne Thèbes.

Dans une traversée de la ville, le narrateur nous amène du « soleil de plomb » vers une musique, « soupir exhalé à petit bruit dans le silence de la ville » (p. 42). Cette description minutieuse permet au lecteur de s'imprégner de l'époque égyptienne et de sa vie quotidienne comme s'il décryptait une peinture.

La musique provient d'une chambre à « la teinte lilas tendre » (p. 44), richement décorée dans laquelle est assise Tahoser, « une jeune fille d'une merveilleuse beauté, dans une gracieuse attitude de nonchalance et de mélancolie » (p. 45). La « mélopée plaintive » (p. 47) de la harpiste attriste la jeune vierge, car « les cordes de la harpe semblent tordues avec les fibres de [son] cœur » (p. 47). Elle ajoute : « c'est mon âme qui pleure à travers la musique » (p. 48) et Satou la harpiste d'ajouter que « le poète et le musicien savent tout : les dieux leur révèlent les choses cachées » (p. 48). Cette idée du poète dieu reprend les fondements de la mythologie gréco-latine qui voit le poète comme un messager divin.

Chapitre II

La suivante favorite de Tahoser tente de la consoler en mettant l'accent sur toutes les choses que possède la jeune fille. Mais celle-ci réplique « qu'importent toutes les choses qu'on possède, si l'on n'a pas la seule chose qu'on souhaite ? » (p. 50). Nofré la suivante pense que Tahoser se languit de l'officier Ahmosis parti « pour l'expédition de l'Éthiopie supérieure » (p. 51) avec le pharaon, mais celle-ci ne l'aime pas. L'expédition est justement de retour et la foule se précipite à la rencontre des vainqueurs. Tahoser part pour le champ de manœuvre. Les berges du Nil sont décrites comme une fresque aux couleurs et à l'architecture uniques. Tahoser regarde « vaguement cette perspective familière pour elle » (p. 58) quand une vision la trouble, celle d'« un beau jeune homme […] aux prunelles sombres » (p. 58).

Chapitre III

Tahoser, la fille du prêtre Pétamounoph, et Nofré assistent au cortège de guerre, impressionnant « tonnerre terrestre produit par le roulement des chars de guerre » (p. 60). La musique retentit avec « pour chaque corps de musique […] pas moins de deux cents hommes » (p. 61). Les prisonniers sont amenés, honteux, suppliants puis un lecteur déclame les victoires du pharaon alors que le peuple pousse « à chaque énonciation […] une clameur immense » (p. 63). Le pharaon apparaît enfin dans sa majesté, tirant les chefs vaincus « comme des animaux à la laisse » (p. 65). Ses yeux inspirent « une respectueuse épouvante » (p. 64). Puis c'est au tour des chars des princes de défiler, dont l'élégant Ahmosis. Le pharaon quant à lui remarque Tahoser, « son regard noir » provoque en lui « une étincelle de désir » (p. 67) pour la fille de Pétamounoph.

Chapitre IV

Dans son palais, le pharaon est acclamé par « des cris d'amour » (p. 72). Les servantes, les « belles esclaves nues » (p. 72), tous sont pétris d'une « dévotion profonde et [d']une sorte de terreur respectueuse comme à une personne divine, immortelle » (p. 72). Une multitude de vins et de fleurs, des chants de triomphe ainsi qu'un repas de fête célèbrent la victoire royale.

Les danses voluptueuses, les scènes comiques de nains, les jeux, les combats s'enchaînent, mais le pharaon reste de marbre.

Chapitre V

Le jeune homme qui trouble Tahoser se nomme Poëri. Il est d'une « beauté rare » qui n'appartient pas « au type national » (p. 81). Il construit une grande exploitation verdoyante. Poëri n'a jamais prêté attention à la beauté ni à la présence fréquente de Tahoser sous son balcon. La nuit suivant le retour du pharaon, Tahoser part dans un dernier élan de désespoir chez Poëri qui, apercevant sa posture malheureuse, lui demande d'entrer en sa demeure hospitalière.

Chapitre VI

Tahoser se fait passer pour une orpheline démunie du nom de Hora auprès de Poëri. Il lui propose de l'accueillir en sa demeure. La jeune fille s'interroge : pourrait-elle lui plaire ? Elle refait donc sa toilette. Une fois son inspection passée, le jeune intendant des biens de la couronne revient vers Hora et lui demande de jouer de la mandore. Il remarque « que sa physionomie n'est plus ce qu'elle était ce matin » et de demander : « Qui es-tu ? » (p. 89). Tahoser réaffirme son mensonge. Il s'endort au doux son de la musique de Tahoser et elle embrasse son front dans un élan amoureux. Toujours endormi, il soupire en hébreu : « Ô Ra'hel, bien aimée Ra'hel ! » (p. 89).

Chapitre VII

Nofré découvre au petit matin la disparition de sa maîtresse. Souhem, un de ses esclaves, devine que Tahoser est amoureuse. Nofré pense tout de suite à Ahmosis et se présente chez lui, constatant alors l'absence de sa maîtresse. Le pharaon pense également à Tahoser. Il fait envoyer l'équivalent de deux brancards de présents chez la fille de Pétamounoph. Devant de telles attentions, Nofré manque de s'évanouir, « moitié peur, moitié éblouissement » (p. 96).

Chapitre VIII

Pendant ce temps, Tahoser ne pense qu'à son amour secret pour Poëri. Elle le suit partout dans l'exploitation et l'observe avec minutie dans chacune de ses actions. Tahoser apprend que le jeune Hébreu s'absente de chez lui chaque nuit, personne ne sait pourquoi. Elle décide de le suivre.

Chapitre IX

Tahoser est déterminée et suit de près Poëri avec un « sentiment d'ardente jalousie » (p. 102). Elle est persuadée qu'une femme occupe son esprit. Elle le suit à travers les talus, les joncs et plonge même dans le fleuve alors que « le danger [est] réel, surtout la nuit » (p. 103). Mais « la passion ne calcule pas » (p. 103). Enfin, Poëri entre dans une habitation modeste. Tahoser aperçoit dans l'entrebâillement d'une porte une « femme merveilleusement belle » (p. 106) qui parle hébreu avec Poëri, visiblement amoureux. En proie au désespoir, la fille de Pétamounoph « roul[e] évanouie » (p. 107).

Chapitre X

Pharaon est tourmenté par Tahoser au point qu'« il s' [est] retiré au palais de Thèbes, seul, taciturne et farouche » (p. 108). Un de ses esclaves, Timopht, a pour mission de retrouver la belle Tahoser. Le pharaon devine que l'amour est la cause de sa fugue et « sa face […] s'empourpr[e] comme à un reflet d'incendie » (p. 111). Il ordonne Timopht de tout faire, même de « violer les tombeaux si elle s'est réfugiée dans l'asile de la mort » (p. 111) pour la retrouver. Timopht interroge Poëri qui lui explique qu'une jeune fille correspondant au signalement s'est en effet présentée à lui sous le nom de Hora, mais qu'elle est à présent introuvable. Le pharaon comprend que la fausse Hora aime en réalité Poëri.

Chapitre XI

Ra'hel découvre le corps évanoui de Tahoser et la recueille chez elle. Sa suivante Thamar, méfiante et pessimiste, pressent une mauvaise situation. La jeune protégée souffre de fièvre causée par l'amour et sa traversée nocturne du Nil, et observe que « Ra'hel [est] l'idéal israélite comme Tahoser [est] l'idéal égyptien » (p. 116). Le lendemain soir, Poëri se rend chez la belle israélite comme de coutume et découvre la fausse Hora couchée et faible. Ra'hel comprend et délie toute la situation, l'amour de Tahoser, la fièvre causée par la vision des deux amoureux israélites. Il faut guérir la fille de Pétamounoph.

Chapitre XII

Le vieillard Mosché guérit Tahoser. Devant l'attitude impassible de Poëri, elle se jette dans les bras de Ra'hel en sanglotant avec une « désolation franche » (p. 122). Émue, Ra'hel luit dit d'aimer Poëri, car elle n'est pas jalouse. Mais Tahoser vient d'un rang bien plus élevé que Poëri, esclave « aux yeux des Égyptiens » ; elle « doi[t] descendre de [son] rang » (p. 123), et changer complètement de croyances. Fille de prêtre, Tahoser doit choisir entre la religion et l'amour. Elle choisit l'amour : « Tu m'expliqueras ton Dieu et je tâcherai de le comprendre » (p. 124). Tahoser doit se cacher encore quelques jours du pharaon. Mais Thamar dénonce au pharaon la cachette de Tahoser, car elle a « pour la race d'Égypte une haine aveugle, farouche, irraisonnée, presque bestiale […] » (p. 126). Pharaon porte Tahoser jusqu'à son palais. D'abord endormie, elle aperçoit « la face étincelante du Pharaon » et devient « folle d'épouvante » comme « demi-morte ». (p. 128) La perfide Thamar se replace dans sa couche.

Chapitre XIII

Telle une « colombe palpitant aux serres du faucon » (p. 129), Tahoser se laisse emmener au palais. La beauté du pharaon est « surhumaine », ses yeux d'une « lumière pénétrante qui fait reconnaître entre tous les divinités et les rois » (p. 130). Mais Tahoser, pourtant flattée dans sa vanité d'inspirer de tels sentiments au roi, ne ressent aucune sympathie pour le pharaon. Au contraire, « l'idée de lui appartenir lui inspir[e] une épouvante répulsive » (p. 134). Le roi refuse de l'entendre. Pour lui, à cet instant, « Tahoser, la fille de Pétamounoph, n'existe plus » (p. 134).

Chapitre XIV

Ra'hel découvre l'absence de Tahoser tandis que Thamar feint la surprise. Elle part récupérer sa récompense au palais du roi. Pendant ce temps, Tahoser profite du confort dans son appartement royal et rayonne de beauté. Le roi entre et refuse qu'elle se prosterne, déclarant : « Je veux que tu sois mon égale […] si ton cœur parle enfin pour moi, pour que je le sache, tends-moi, quand j'entrerai dans ta chambre, la fleur de lotus de ta coiffure » (p. 140). Soudain, Timopht dérange le roi. « Un personnage mystérieux » qui est précédé d'« une puissance inconnue » demande à lui parler. (p. 141) C'est Mosché, celui-là même qui a guérit Tahoser de sa fièvre passionnelle.

Chapitre XV

Mosché demande au pharaon que le peuple israélien parte « à une distance de trois jours dans le désert et y sacrifier à l'Éternel » (p. 143). Pur prétexte pour le roi qui refuse de laisser fuir les Israéliens sous ses ordres. « Un jour », Mosché refait sa demande au palais. Pour prouver que c'est bien l'Éternel qui souhaite ce voyage, Aharon, compagnon de Mosché, change son bâton en serpent. Pharaon lui prouve que ses « sages, magiciens et hiéroglyphites » en font de même. Mais le serpent d'Aharon dévore les vingt-quatre autres serpents des sages.

Chapitre XVI

Quelques jours plus tard, Mosché et Aharon refont leur demande au roi. Celui-ci exige une preuve de leur Dieu. Aharon change les eaux en sang. Ennana, sage magicien du roi, reproduit à son tour cette action. Alors Aharon « fai[t] monter les grenouilles sur le pays d'Égypte », « à perte de vue » (p. 149). Ennana parvient à inverser le sort et même à le reproduire. Mais impossible de faire disparaître à nouveau les grenouilles. Piqué à vif, l'orgueil du Pharaon va lutter « jusqu'au bout contre le Dieu inconnu d'Israël » (p. 151). Ils concluent un accord que le pharaon ne tient pas à Mosché et ce dernier fait déferler « un déchaînement de fléaux et de plaies » (p. 152)

« Moschë changea toute la poussière d'Égypte en insectes », lança « une peste rouge » épargnant les Hébreux, « tout le bétail des Égyptiens fut frappé de mort » (p. 152). Ennana pense que l'Égypte doit s'incliner devant ce nouveau Dieu « plus puissant qu'Amon-Ra, qu'Osiris, et que Typhon » (p. 152), mais Pharaon refuse. Arrivent les hordes de sauterelles formant un nuage omniprésent sur l'Égypte. Moschë fait cesser le fléau à la demande du pharaon. S'ensuit la grêle, « fléau inconnu à l'Égypte » puis une nuit, « un spectre » tue « tous les premiers-nés mâles » (p. 153) y compris celui du roi. Devant le lit funèbre de son fils, Pharaon accède à la demande du peuple israélien. Alors Tahoser lui saute au cou et déclare : « Je t'aime maintenant ; tu es un homme, et non un dieu de granit » (p. 153).

<u>Chapitre XVII</u>

Tahoser n'a pas oublié Poëri mais redoute des « projets de vengeance et d'extermination » de la part de l'« âme obstinée » du pharaon. (p. 154). Pharaon se sent « descendu au niveau des hommes » (p. 155) et épousera Tahoser quand les cérémonies funèbres prendront fin.

Pendant ce temps, le peuple hébreu fuit l'Égypte à jamais. Le cortège apparaît sans fin, « le sacrifice à l'Éternel n'était qu'un vain prétexte » (p. 155). Le roi entre alors dans « une grande fureur » et part combattre les Israéliens. Vite rattrapés, les Hébreux se voient pris au piège des six cents chars de guerre de Pharaon, coincés par la mer derrière eux. Alors Moschë brandit son bâton et sépare la mer en deux. « C'était la respiration de l'Éternel qui séparait en deux la mer ! » (p. 157). Le roi et ses chars se lancent à la poursuite des Israéliens, mais la mer se referme, engloutissant « la gloire et [...] l'armée du Pharaon » (p. 157). Le peuple d'Israël est libre.

Chapitre XVIII

Tahoser attend le Pharaon dont le corps reste introuvable. Elle règne peu de temps sur l'Égypte puis meurt à son tour. On l'enterre dans le tombeau du feu roi et son histoire, écrite sur papyrus par le grammate Kakevou, est placée dans son sarcophage. Personne ne sait si Tahoser regrette Poëri ou le pharaon. Lord Evandale, quant à lui, ne s'est jamais marié. Il est « rétrospectivement amoureux de Tahoser, fille du grand prêtre Pétamounoph, morte il y a trois mille cinq cents ans » (p. 158).

LES RAISONS
DU SUCCÈS

La seconde moitié du XIXᵉ siècle est synonyme de marche vers le progrès. La France bouillonne de savoirs ; en sciences, par exemple, avec des chercheurs illustres tels que Pasteur, en architecture avec les constructions haussmanniennes, l'essor de la presse et les livres publiés en masse.

En 1858, la littérature française est marquée par le succès du roman-feuilleton dans la presse. Grâce à l'essor de l'alphabétisation et à l'industrialisation de la presse, c'est un nouveau lectorat qui apprécie ces histoires pleines d'évasion et de rebondissements. *Les Mystères de Paris* publiés en 1842 par Eugène Sue restent le succès le plus mémorable. Chaque jour ou chaque semaine, une pièce du puzzle est révélée au public qui dévore les aventures des protagonistes auxquels ils s'identifient. Les procédés qui plaisent aux lecteurs sont utilisés à foison : opposition du bien et du mal, suspense, rebondissements, coups de théâtres, etc. En parallèle, on se presse également au théâtre pour apprécier les comédies de boulevard et les opérettes à la mode.

La littérature devient populaire, mais la censure tape fort également. En 1957, le recueil de poèmes *Les Fleurs du Mal* de Baudelaire est condamné pour immoralité et les poèmes accusés sont retirés de l'œuvre.

Paru en feuilleton dans le journal *Le Moniteur universel* entre le 11 mars et le 6 mai 1857, *Le Roman de la momie* s'inscrit dans cette littérature de l'évasion et du suspense, car elle emmène le lecteur dans un univers insolite et imprévisible. Le lecteur est tenu en haleine par les aventures de Tahoser, se demande comment la jeune vierge réussira à vivre son amour contrarié.

Il semblerait que Gautier ait rencontré quelques difficultés à publier son roman, les éditeurs le trouvant trop compliqué. Il est vrai que les descriptions précises, dignes d'un historien de l'Égypte, abondent dans le roman.

Gautier a pourtant bénéficié du soutien de son ami Charles Baudelaire.

Un an avant la parution du *Roman de la momie*, le gendre et collaborateur d'Hachette, Émile Templier, écrit à Gautier que selon lui son roman est « appelé à un très petit succès ».

Toutefois, on ne connaît pas précisément les retombés ou le succès du *Roman de la momie*.

<u>Le succès du point du vue du lecteur</u>

Le succès littéraire de ce roman tient tout d'abord à son intensité romanesque. Théophile Gautier réussit à mettre en scène une intrigue amoureuse introduite par une découverte archéologique. Deux temps sont imbriqués et donnent à l'histoire de Tahoser un accent réaliste d'autant plus que le roman se clôture par les dix plaies d'Égypte, épisode du *Livre de l'Exode* connu dans le monde entier.

L'amour inaccessible, le pouvoir et la religion sont des thèmes qui donnent au *Roman de la momie* une force touchant à l'universel. Le triangle amoureux qui rassemble Tahoser, Poëri et Pharaon tient en haleine et illustre les difficultés du cœur face à la raison.

Ajoutons à cela la précision avec laquelle Gautier décrit la vie quotidienne des Égyptiens. Les descriptions de l'architecture, des intérieurs et des vêtements des habitants de l'ancienne Thèbes sont d'une rare minutie. De même, on découvre dans *Le Roman de la momie* la manière d'organiser les fouilles archéologiques au XIXe siècle, le tout dans un esprit fidèle à l'époque.

En 1911, une adaptation cinématographique – au temps du cinéma muet – dirigée par Albert Capellani et Henri Desfontaines reprend l'intrigue du roman de Gautier.

LES THÈMES PRINCIPAUX

Le personnage principal du *Roman de la momie* est l'Égypte dont Gautier nous décrit les plus petites minuties de la vie quotidienne.

En voici un extrait :

« Au bout des rues désertes, et au-dessus des terrasses, se découpaient, dans l'air d'une incandescente pureté, la pointe des obélisques, le sommet des pylônes, l'entablement des palais et des temples, dont les chapiteaux, à face humaine ou à fleurs de lotus, émergeaient à demi, rompant les lignes horizontales des toits, et s'élevant comme des écueils parmi l'amas des édifices privés » (p. 41).

En effet, l'Orient et tout particulièrement l'Égypte se retrouve à maintes reprises chez Gautier. En effet, *Un repas un désert d'Égypte*, *Une Nuit de Cléopâtre*, la nouvelle fantastique *Le Pied de la momie* ainsi que les articles consacrés aux peintres orientalistes, tous ces écrits attestent du goût prononcé de Gautier pour l'Égypte.

Au cœur de ce roman, c'est aussi le thème de l'amour qui prévaut. Comment expliquer le choix du cœur ? Tahoser se destine à une vie pleine de richesse et de confort, pourtant, son cœur n'a d'yeux que pour un esclave hébreu, inférieur à son rang. Entre le cœur et la raison, elle choisit l'amour mais le tout-pouvoir incarné par Pharaon en décide autrement. Cet illustre Pharaon, elle ne l'aime pas et doit se résigner à devenir sa reine.

Gautier décrit parfaitement l'amour et ses effets sur les différents protagonistes :

Tahoser :

« Une vive couleur rose avait envahi ses joues tout à l'heure si pâles : la pudeur lui revenait avec l'espoir ; elle rougissait de l'action étrange où l'amour la poussait, et, sur ce seuil que ses rêves avaient franchi tant de fois, elle hésita : ses scrupules de vierge, étouffés par la passion, renaissaient en présence de la réalité » (p. 84).

Pharaon :

« Pour éviter ces scènes de pleurs et de violence, il s'était retiré au palais de Thèbes, seul, taciturne et farouche ; et là, au lieu de rester assis sur son trône, dans l'attitude solennelle des dieux et des rois qui, pouvant tout, ne remuent pas et ne font pas de gestes, il se promenait fiévreusement à travers les immenses salles » (p. 109).

ÉTUDE DU MOUVEMENT LITTÉRAIRE

Le XIXᵉ siècle représente un des siècles les plus bouillonnants de la création littéraire et artistique.

En pleine révolution industrielle, la société critique, découvre et s'ouvre sur le monde.

Au début du XIXᵉ siècle, le roman-feuilleton connaît un succès sans précédent. Gautier est un auteur de feuilleton prolifique, il publie pas moins de deux mille articles et feuilletons dans des journaux comme *La Presse* ou *La France littéraire*. *Le Roman de la momie* intègre les codes du roman-feuilleton en amenant une intrigue amoureuse, un récit de voyage et des rebondissements captivants (le triangle amoureux, la magie, la fuite des Israélites, la poursuite finale...).

Si Gautier n'est affilié à aucun mouvement littéraire précis, *Le Roman de la momie* s'inscrit toutefois dans la tradition du récit de voyage. Gautier décrit l'Égypte comme un véritable historien ou égyptologue, avec une précision et un sens accru des détails véridiques. L'auteur, avide de voyages, s'intéresse à l'égyptologie à travers la figure d'Ernest Feydeau à qui il dédie le livre. En effet, Feydeau a initié Gautier à l'histoire de l'Égypte et l'a plongé « dans la cité vivante et la cité morte ».

Gautier s'inspire également de ses voyages personnels en Italie, en Belgique, en Égypte et en Espagne, dont il tire des articles, des poèmes et des romans.

Le XIXᵉ siècle marque l'émergence du roman d'aventure qui connaît son apogée en France et en Angleterre avec de grands auteurs tels que Dumas père (*Le Comte de Monte-Cristo* publié entre 1844 et 1846), Jules Verne (*Voyage au centre de la Terre* publié en 1864), l'Écossais Walter Scott (*Ivanhoé* en 1819) ou encore Joseph Conrad (*La Folie Almayer* en 1896).

Le fondateur de ce genre est Daniel Defoe avec le célèbre *Robinson Crusoé* publié en 1719.

L'esprit de conquête et de découverte coloniale assure le

goût pour une littérature d'action et de péripéties, où les paysages sont exotiques et excitants. Cette littérature est définitivement populaire, basée sur une dynamique et une fiction au service de l'action. Le lecteur voyage à travers ses lectures.

Le XIXe siècle voit l'émergence de nouvelles formes littéraires ainsi que des sous-genres. Au roman d'aventure s'ajoute le roman historique, le roman de cape et d'épée, le fantastique et par la suite le roman noir ou le roman policier par exemple.

Le Pied de momie, nouvelle fantastique de Gautier parue en 1840, est un écho du *Roman de la momie*. La nouvelle raconte l'histoire d'une princesse égyptienne, Hermontis, mais se concentre sur une structure traditionnelle du fantastique de l'époque. Ce goût pour la culture égyptienne montre l'importance de l'exotisme pour Gautier et ses contemporains.

Théophile Gautier côtoie dans le Cénacle, présidé par Hugo, des artistes tels que Nerval, Mérimée et Dumas fils. Il accompagne Gérard de Nerval dans certains de ces voyages, en Belgique et en Algérie notamment, puis Nerval continue ses pérégrinations et publie *Voyage en Orient* en 1851, traversant la Syrie, Alexandrie, Constantinople, *etc*.

DANS LA MÊME COLLECTION
(par ordre alphabétique)

- **Anonyme**, *La Farce de Maître Pathelin*
- **Anouilh**, *Antigone*
- **Aragon**, *Aurélien*
- **Aragon**, *Le Paysan de Paris*
- **Austen**, *Raison et Sentiments*
- **Balzac**, *Illusions perdues*
- **Balzac**, *La Femme de trente ans*
- **Balzac**, *Le Colonel Chabert*
- **Balzac**, *Le Lys dans la vallée*
- **Balzac**, *Le Père Goriot*
- **Barbey d'Aurevilly**, *L'Ensorcelée*
- **Barbey d'Aurevilly**, *Les Diaboliques*
- **Bataille**, *Ma mère*
- **Baudelaire**, *Les Fleurs du Mal*
- **Baudelaire**, *Petits poèmes en prose*
- **Beaumarchais**, *Le Barbier de Séville*
- **Beaumarchais**, *Le Mariage de Figaro*
- **Beauvoir**, *Mémoires d'une jeune fille rangée*
- **Beckett**, *En attendant Godot*
- **Beckett**, *Fin de partie*
- **Brecht**, *La Noce*
- **Brecht**, *La Résistible ascension d'Arturo Ui*
- **Brecht**, *Mère Courage et ses enfants*
- **Breton**, *Nadja*
- **Brontë**, *Jane Eyre*
- **Camus**, *L'Étranger*
- **Carroll**, *Alice au pays des merveilles*
- **Céline**, *Mort à crédit*

- **Céline**, *Voyage au bout de la nuit*
- **Chateaubriand**, *Atala*
- **Chateaubriand**, *René*
- **Chrétien de Troyes**, *Perceval*
- **Cocteau**, *La Machine infernale*
- **Cocteau**, *Les Enfants terribles*
- **Colette**, *Le Blé en herbe*
- **Corneille**, *Le Cid*
- **Crébillon fils**, *Les Égarements du cœur et de l'esprit*
- **Defoe**, *Robinson Crusoé*
- **Dickens**, *Oliver Twist*
- **Du Bellay**, *Les Regrets*
- **Dumas**, *Henri III et sa cour*
- **Duras**, *L'Amant*
- **Duras**, *La Pluie d'été*
- **Duras**, *Un barrage contre le Pacifique*
- **Flaubert**, *Bouvard et Pécuchet*
- **Flaubert**, *L'Éducation sentimentale*
- **Flaubert**, *Madame Bovary*
- **Flaubert**, *Salammbô*
- **Gary**, *La Vie devant soi*
- **Giraudoux**, *Électre*
- **Giraudoux**, *La Guerre de Troie n'aura pas lieu*
- **Gogol**, *Le Mariage*
- **Homère**, *L'Odyssée*
- **Hugo**, *Hernani*
- **Hugo**, *Les Misérables*
- **Hugo**, *Notre-Dame de Paris*
- **Huxley**, *Le Meilleur des mondes*
- **Jaccottet**, *À la lumière d'hiver*
- **James**, *Une vie à Londres*
- **Jarry**, *Ubu roi*
- **Kafka**, *La Métamorphose*

- **Kerouac**, *Sur la route*
- **Kessel**, *Le Lion*
- **La Fayette**, *La Princesse de Clèves*
- **Le Clézio**, *Mondo et autres histoires*
- **Levi**, *Si c'est un homme*
- **London**, *Croc-Blanc*
- **London**, *L'Appel de la forêt*
- **Maupassant**, *Boule de suif*
- **Maupassant**, *Une vie*
- **Molière**, *Amphitryon*
- **Molière**, *Dom Juan*
- **Molière**, *L'Avare*
- **Molière**, *Le Malade imaginaire*
- **Molière**, *Le Tartuffe*
- **Molière**, *Les Fourberies de Scapin*
- **Musset**, *Les Caprices de Marianne*
- **Musset**, *Lorenzaccio*
- **Musset**, *On ne badine pas avec l'amour*
- **Perec**, *La Disparition*
- **Perec**, *Les Choses*
- **Perrault**, *Contes*
- **Prévert**, *Paroles*
- **Prévost**, *Manon Lescaut*
- **Proust**, *À l'ombre des jeunes filles en fleurs*
- **Proust**, *Albertine disparue*
- **Proust**, *Du côté de chez Swann*
- **Proust**, *Le Côté de Guermantes*
- **Proust**, *Le Temps retrouvé*
- **Proust**, *Sodome et Gomorrhe*
- **Proust**, *Un amour de Swann*
- **Queneau**, *Exercices de style*
- **Quignard**, *Tous les matins du monde*
- **Rabelais**, *Gargantua*

- **Rabelais**, *Pantagruel*
- **Racine**, *Andromaque*
- **Racine**, *Bérénice*
- **Racine**, *Britannicus*
- **Racine**, *Phèdre*
- **Renard**, *Poil de carotte*
- **Rimbaud**, *Une saison en enfer*
- **Sagan**, *Bonjour tristesse*
- **Saint-Exupéry**, *Le Petit Prince*
- **Sarraute**, *Enfance*
- **Sarraute**, *Tropismes*
- **Sartre**, *Huis clos*
- **Sartre**, *La Nausée*
- **Senghor**, *La Belle histoire de Leuk-le-lièvre*
- **Shakespeare**, *Roméo et Juliette*
- **Steinbeck**, *Les Raisins de la colère*
- **Stendhal**, *La Chartreuse de Parme*
- **Stendhal**, *Le Rouge et le Noir*
- **Verlaine**, *Romances sans paroles*
- **Verne**, *Une ville flottante*
- **Verne**, *Voyage au centre de la Terre*
- **Vian**, *J'irai cracher sur vos tombes*
- **Vian**, *L'Arrache-cœur*
- **Vian**, *L'Écume des jours*
- **Voltaire**, *Candide*
- **Voltaire**, *Micromégas*
- **Zola**, *Au Bonheur des Dames*
- **Zola**, *Germinal*
- **Zola**, *L'Argent*
- **Zola**, *L'Assommoir*
- **Zola**, *La Bête humaine*
- **Zola**, *Nana*
- **Zola**, *Pot-Bouille*